MINI-JUSTICIERS

DAN SANTAT

HÔTEL

TEXTE FRANÇAIS D'HÉLÈNE PILOTTO

Éditions
SCHOLASTIC

CATALOGAGE AVANT PUBLICATION DE BIBLIOTHÈQUE ET ARCHIVES CANADA

SANTAT, DAN
MINI-JUSTICIERS / AUTEUR ET ILLUSTRATEUR, DAN SANTAT ;
TRADUCTRICE, HÉLÈNE PILOTTO.

TRADUCTION DE: SIDEKICKS.

ISBN 978-1-4431-1874-3

1. ROMANS GRAPHIQUES.   I. PILOTTO, HÉLÈNE   II. TITRE.

PZ23.7.S26MIN 2012   J741.5'973   C2012-902460-0

ÉDITION PUBLIÉE PAR LES ÉDITIONS SCHOLASTIC, 604, RUE KING OUEST,
TORONTO (ONTARIO) M5V 1E1

5 4 3 2 1   IMPRIMÉ À SINGAPOUR   46   12 13 14 15 16

À MES PARENTS.

—DAN SANTAT

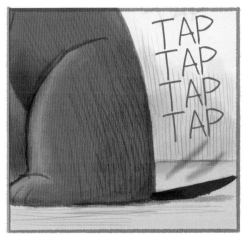

CROC
CROC
CROC

2

SIGNÉ « LA GRIFFE »

ON COMPARE CE MYSTÈRE À CEUX DU YÉTI ET DU MONSTRE DU LOCH NESS.

TU R'GARDES ENCORE CE TRUC IDIOT SUR LA GRIFFE?

ÉTEINS ÇA! LES VOISINS VONT ENTENDRE!

LE VOLUME EST JUSTE À 4!

ÉTEINS LA TÉLÉ! HENRI VA BIENTÔT RENTRER!

JE SUIS AU CENTRE-VILLE DE MÉTROVILLE, OÙ CAPITAINE ADMIRABLE COMBAT QUATRE SUPERMÉCHANTS.
SELON MES SOURCES, ILS VISENT LE NOUVEL APPAREIL DE TRANSFERT D'ADN CRÉÉ PAR GÉNÉTEK.
EN DIRECT – DENIS GODIN

BANG!

CAP... CAPITAINE
ADMIRABLE?

CLIC

LE LENDEMAIN SOIR...

TOUT ALLAIT BIEN JUSQU'À CE QUE JE HEURTE LE VENDEUR D'ARACHIDES.

OUAIS, JE SUIS ALLERGIQUE AUX ARACHIDES.

J'EN AI AU MOINS POUR UN MOIS DE REPOS.

SNAP!

CAPITAINE
ADMIRABLE
TROP VIEUX?

·OPIN

AUTRE CHOSE :
PRÉVENEZ LA SOCIÉTÉ DES
SUPERHÉROS QU'IL Y AURA DES
AUDITIONS LE MOIS PROCHAIN
POUR UN POSTE D'ASSISTANT.
ILS M'AIDERONT.

DES AUDITIONS, OUI.
JE NE RAJEUNIS PAS.
IL EST TEMPS
QUE J'AIE DE L'AIDE
À NOUVEAU.

NON, PAS UN DE MES ANIMAUX CETTE FOIS.

CE SERAIT TROP DUR.

T'AS ENTENDU? IL CHERCHE UN ASSISTANT! V'LÀ MA CHANCE D'LUI MONTRER C'QUE J'SAIS FAIRE!

IL A DIT PAS D'ANIMAUX.

T'ES BEN NAÏF!

J'AI DÉJÀ MON COSTUME. J'ATTENDS CE JOUR DEPUIS SI LONGTEMPS.

LES SUPERHÉROS ONT SOUVENT L'AIR D'ANIMAUX. IL VA PENSER QUE J'PORTE UN SUPER COSTUME DE CHIEN.

ET QUAND IL M'AURA CHOISI, JE SERAI TOUT LE TEMPS AVEC LUI, PENDANT QUE TU NOUS REGARDERAS AUX INFOS.

ET QUI TE DIT QUE J'AUDITIONNERAI PAS?

TOI? T'AS MÊME PAS DE SUPERPOUVOIR!

HÉ HÉ HÉ

26

TU DOIS ÊTRE LE NOUVEAU MEMBRE DE LA FAMILLE!

J'AI PENSÉ QUE VOUS AIMERIEZ AVOIR UN NOUVEL AMI. J'AI DONC ACHETÉ UN CAMÉLÉON!

HA! T'AS VRAIMENT LE CHIC POUR TE CAMOUFLER, TOI!

TU T'APPELLERAS **BERLUE**.

POUR L'INSTANT, TU VAS LOGER CHEZ DOUBI.

T'ES D'ACCORD, DOUBI?

T'ES GENTIL!

PFFF

GROGNE

OH, NON! PAS ENCORE!

FAITES CONNAISSANCE!

VLAM

PFFF

TU PEUX DORMIR DANS L'AUTRE COIN.

AH... D'AC...

T'EN FAIS PAS AVEC ROSCO. IL VA S'HABITUER AVEC LE TEMPS.

ET... J'SUIS DOUBI. BIENVENUE DANS LA FAMILLE.

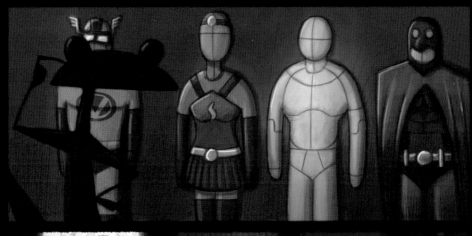

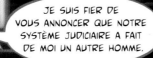

CYCLONE

FLOU

ARRÊTÉS

DYNAMO

CRANUL

À VINGT-CINQ JOURS DES AUDITIONS POUR TROUVER UN ASSISTANT AU CAPITAINE ADMIRABLE, IL SEMBLE QU'UN NOUVEAU HÉROS ŒUVRE DÉJÀ EN VILLE.

ENCORE HIER, LE JUSTICIER CONNU SOUS LE NOM DE *MÉGAWATT* A ARRÊTÉ LES QUATRE ESCROCS QUI AVAIENT EU L'AUDACE DE VOLER L'APPAREIL DE TRANSFERT D'ADN DE LA FIRME GÉNÉTEK. L'APPAREIL RESTE CEPENDANT INTROUVABLE.

TROP VIEUX?

LES EXPERTS S'INTERROGENT : CAPITAINE ADMIRABLE EST-IL RENDU TROP VIEUX POUR CE TRAVAIL?

L'ÂGE NE REND PAS UNE PERSONNE INVALIDE. IL EST ENCORE TRÈS UTILE À MÉTROVILLE.

CAPITAINE ADMIRABLE EST DÉPASSÉ. MON HÉROS, C'EST MÉGAWATT!

CLIC

LE LENDEMAIN SOIR...

J'ARRIVE PAS À CROIRE QU'ON REVIENT ICI.

POURVU QUE MANU NOUS TROUVE AVANT LES AUTRES CHATS.

ON DOIT ÊTRE TOUT PRÈS : IL Y A UNE EMPREINTE ICI...

BAM!

AAAH!!

PACHOU!

OH, MON PACHOUNET! C'EST VRAIMENT TOI! J'T'AI MANQUÉ? VIENS ICI QUE J'TE FASSE UN CÂLIN!

BEURK, J'EN RÉGURGITE DE JOIE.

QU'EST-CE QUE TU DIS?

OH, RIEN. J'SUIS TRÈS ÉMU.

QUI EST
CE TYPE,
AU JUSTE?

J'SUIS
LE CAMÉLÉON!!

PFFF... DANS QUOI
J'M'EMBARQUE,
MOI?

C'EST BIEN DES SUPERPOUVOIRS, MAIS PARFOIS, C'EST L'ENFER. QUAND J'ÉTAIS CHATON, DES ENFANTS M'ONT POURCHASSÉ AVEC DES FUSILS À EAU.

COIN DES PINGOUINS

J'AI EU SI PEUR QUE J'AI ÉLECTROCUTÉ UN DES ENFANTS PAR ACCIDENT.

69

HA, HA!
SACRÉ MANU! J'AURAIS DÛ M'DOUTER QUE C'ÉTAIT TOI!

QUE PUIS-JE OFFRIR À CES MESSIEURS?

J'VAIS PRENDRE DU HARENG! J'EN AI RÊVÉ *TOUTE LA NUIT*.

DÉSOLÉ, IL N'Y EN A PLUS. EN FAIT, IL N'Y A PRESQUE PLUS RIEN. UN HIPPOPOTAME A PRIS LA NOURRITURE EN OTAGE.

L'HIPPOPOTAME DOIT ÊTRE JUSTE DERRIÈRE CETTE PORTE.

ARRÊTE DE CHANGER DE COULEUR! JE DOIS ME CONCENTRER!

J-J-J'Y PEUX RIEN! C'EST MON MOYEN DE DÉFENSE NATUREL. JE SUIS TERRIFIÉ!

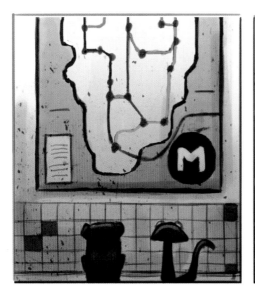

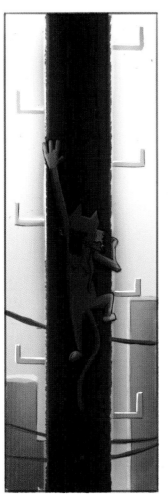

RESTEZ ICI PENDANT QUE... HÉ! C'EST QUI *LUI?!*

ZZIP!

TCHAC!

VRRRRRRRR

CLANG!

POUM!

UN JEU D'ENFANT.

M-M-MERCI DE VOTRE AIDE. VOUS ÊTES MON HÉROS!

VOUS AVEZ **VU** ÇA?!

CE TYPE A ARRÊTÉ UN **VOLEUR!**

APPELEZ LA POLICE, VITE!

IL DIT QU'IL S'APPELLE **MÉTALOX!**

C'EST UN HÉROS!

VIENS, BERLUE!

HÉ! OÙ ALLEZ-VOUS COMME ÇA?

ON A DU BOULOT À FAIRE.

... ET ALORS CE BRAVE HÉROS EST TOMBÉ DU CIEL ET A RÉCUPÉRÉ MON SAC.

MÉTALOX EST LE HÉROS DU JOUR!

PFF... SEIZE HEURES! J'SUIS CREVÉ!

MA FOI, CE TYPE POURRAIT FAIRE UN BON ASSISTANT. QU'EN DIS-TU, ROSCO?

DAME SAUVÉE GRÂCE À « MÉTALOX »

OUAF!

PLUS QUE 8 JOURS...

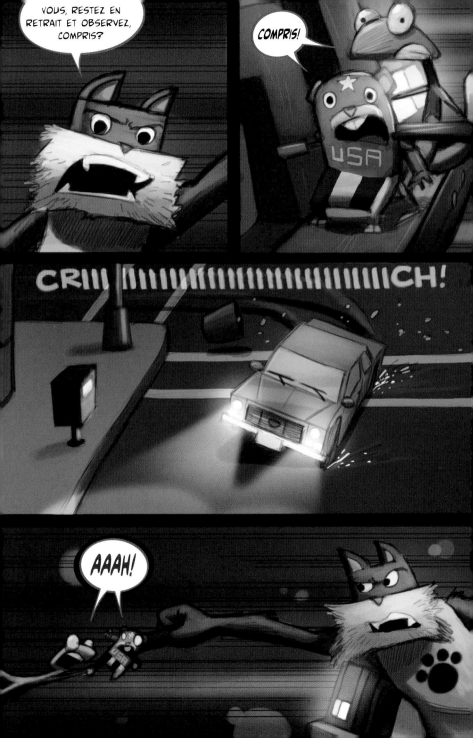

114

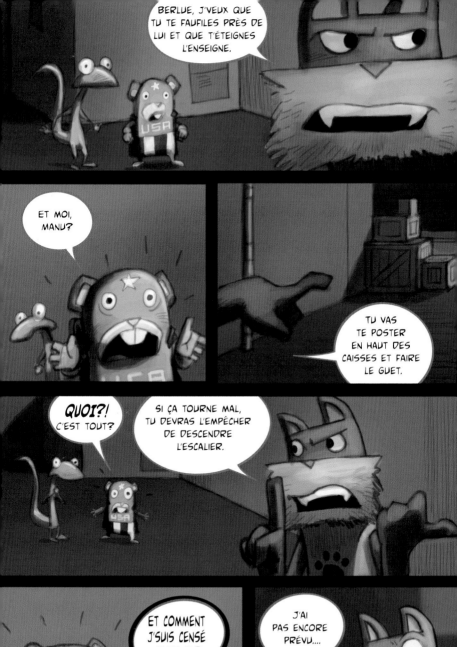

TCHAC!

BZZZZ ZZZZT!

HÉ?!
QUI EST
LÀ?

MANU!

MANU, ÇA VA MON VIEUX?

OUAIS, J'AI JUSTE ÉTÉ PRIS PAR SURPRISE.

3 ANS AUPARAVANT...

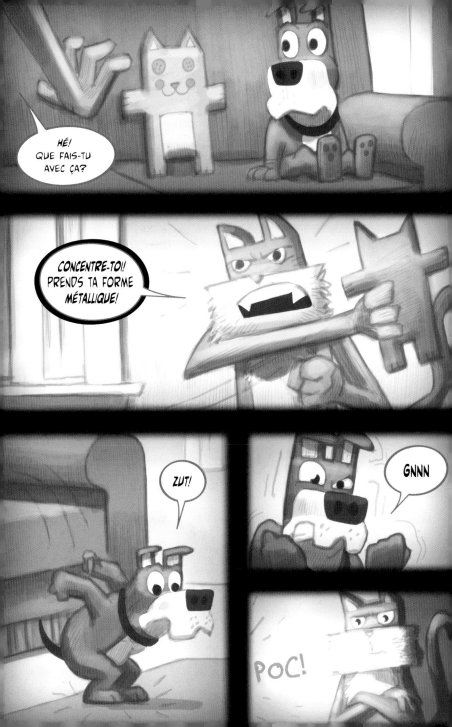

TU PARS DÉJÀ? UN P'TIT MERCI SERAIT APPRÉCIÉ.

TU NE M'AS JAMAIS ACCEPTÉ, MAIS ON DIRAIT QUE ÇA S'EST RETOURNÉ CONTRE TOI, HEIN?

DÈS QUE T'ES ARRIVÉ ICI, T'AS TOUT FAIT POUR ME TASSER.

C'EST LE CONTRAIRE! TU NE SUPPORTAIS PAS DE PRENDRE TA RETRAITE ET DE ME VOIR ASSISTER HENRI!

COMMENT PENSES-TU QUE JE ME SENTAIS, JEUNE CHIOT, QUAND J'VOUS REGARDAIS À LA TÉLÉ, HEIN?

ET C'EST POUR ÇA QUE T'AS VOLÉ PACHA?! PAR PURE JALOUSIE?!

MANU?

MANU, ATTENDS!

ÉCOUTE PAS ROSCO. J'SAIS QUE J'PEUX L'FAIRE. J'AI TELLEMENT APPRIS!

PFFF

POURQUOI EST-CE SI IMPORTANT, DOUBI?

DIS-MOI LA VÉRITÉ.

AU DÉBUT, C'ÉTAIT POUR PASSER PLUS D'TEMPS AVEC CAPITAINE ADMIRABLE.

MAIS QUAND T'AS COMMENCÉ À NOUS ENTRAÎNER, J'AI COMPRIS QUE...

... J'AIMAIS BIEN TA COMPAGNIE.

ON EST UNE FAMILLE. C'EST CHEZ TOI ICI.

J'TE REMERCIE DE TOUT C'QUE T'AS FAIT POUR MOI, P'TIT...

MAIS CETTE FAMILLE N'EST PLUS LA MIENNE.

HENRI EST PASSÉ À AUTRE CHOSE. IL T'A, TOI, ET IL A ROSCO BERLUE... ET BIENTÔT UN NOUVEL ASSISTANT.

J'AI FAIT MON TEMPS. IL N'A PLUS BESOIN DE MOI.

MERCI, CACATOÈS. CE SERA TOUT.

SOCIÉTÉ DES SUPERHÉROS

COMITÉ DE SÉLECTION

JOUR DES AUDITIONS

SUIVANT!

ÇA FAIT DES HEURES QU'ON VOIT DÉFILER DES GENS ET PAS UN NE FAIT L'AFFAIRE.

NE VOUS INQUIÉTEZ PAS, CAPITAINE. CINQ MILLE CANDIDATS ATTENDENT ENCORE DEHORS.

CINQ MILLE?! MOI QUI PENSAIS PASSER DU TEMPS AVEC LES PETITS...

147

POSTE D'ASSIST

BALLONS
GRATUITS

JE SUIS HONORÉ DE VOUS RENCONTRER, CAPITAINE ADMIRABLE.

VOICI MON FORMULAIRE.

RESTEZ CALME... ON A PEUT-ÊTRE TROUVÉ VOTRE ASSISTANT.

MON IDÉE EST FAITE. MÉGAWATT, JE SERAIS HONORÉ DE VOUS AVOIR COMME PARTENAIRE.

MONSIEUR, TOUT L'HONNEUR EST POUR MOI.

SUPER! SERRONS-NOUS LA MAIN!

MAIS...
L'AUTO...

DÉGAGEZ LE
SECTEUR! C'EST
UNE URGENCE!

MÉGAWATT
EST LÀ-HAUT!
IL S'EST APPROPRIÉ LES
POUVOIRS DE CAPITAINE
ADMIRABLE! ON N'A PAS
PU L'AIDER!

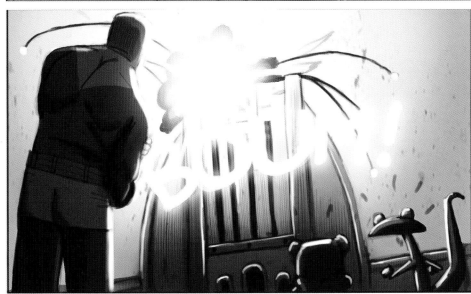

IL EST...

... PARTI.

MES PETITS... JE SUIS ÉMU... VOUS M'AVEZ SAUVÉ LA VIE!

J'IGNORAIS QUE VOUS POUVIEZ FAIRE ÇA!

IL FAUT DIRE...

... QUE JE VOUS NÉGLIGE PAS MAL DEPUIS UN BOUT DE TEMPS.

ÇA N'ARRIVERA PLUS. PROMIS.

J'EN AURAI SÛREMENT BESOIN.

TROIS JOURS PLUS TARD...

VOILÀ TROIS JOURS QUE L'INCIDENT À LA SOCIÉTÉ DES SUPERHÉROS A EU LIEU.

LA SDS EN RUINE

7.

ON PROJETTE DÉJÀ LA RECONSTRUCTION DE L'ÉDIFICE QUI A ÉTÉ RASÉ PAR CE QU'ON A QUALIFIÉ *D'ÉTERNUEMENT.*

CRUNCH
CRUNCH
CRUNCH

DEPUIS, PERSONNE N'A REVU LE DR DUTOC, NI LE CAPITAINE ADMIRABLE, NI LES QUATRE MYSTÉRIEUX SUPERHÉROS QUI L'ONT SAUVÉ.

ON VA ATTENDRE ENCORE UNE SEMAINE AVANT DE LEUR ANNONCER MA RETRAITE. QU'EN PENSES-TU, BERLUE?

HUM!

JE...

J'VOULAIS M'EXCUSER POUR TOUT C'QUE J'AI DIT ET FAIT.

J'SUIS CONTENT QUE TU SOIS RENTRÉ CHEZ NOUS.

ET PUIS, J'AI PENSÉ QUE PACHA AVAIT BESOIN D'UN NOUVEAU BRAS.

ÇA, C'EST POUR L'AVOIR ENTERRÉ!

OH! UNE CHOSE ENCORE...

MERCI DE M'AVOIR SAUVÉ LA VIE.

T'AS ÉTÉ SUPER.

MERCI BOULE DE POILS!

SOCIÉTÉ DES SUPERHÉROS

POSTE D'ASSISTANT

ASSISTANT DE : CAPITAINE ADMIRABLE

NOM DE L'ASSISTANT : FOUDUBOULOT

NOM (VÉRITABLE) : DAN SANTAT

ÂGE : 35   ADRESSE DU CANDIDAT : _

SEXE : HOMME   NUMÉRO D'ASSURANCE-M

LIEU DE RÉSIDENCE : LOS ANGELES

DON PARTICULIER : CAPACITÉ À VIVRE NORMALEMENT AVEC PEU OU PAS DE REPOS.

RENSEIGNEMENTS : WWW.DANTAT.COM

ÊTES-VOUS MÉCHANT?   O   (N)

AVEZ-VOUS DÉJÀ ÉTÉ MÉCHANT?   O   (N)

SI VOUS AVEZ RÉPONDU « OUI », VEUILLEZ DÉCRI

QUELQU'UN DE VOTRE ENTOURAGE EST-IL MÉCHANT?   (O)

SI VOUS AVEZ RÉPONDU « OUI », VEUILLEZ DÉCR

MON CHAT A TENDANCE À ATTAQUER MA FEMME PENDANT QU'ELLE DORT.

VEUILLEZ NOUS RÉSUMER VOTRE PARCOURS : DAN A DÉBUTÉ DANS L'ÉDITION EN 2004 AVEC « THE GUILD OF GENIUSES ». PAR LA SUITE, IL A ILLUSTRÉ PLUSIEURS AUTRES SUPERLIVRES, TELS « BOBBY VS. GIRLS (ACCIDENTALLY) » DE LISA YEE, « OTTO UNDERCOVER » DE RHEA PERLMAN, « CHICKEN DANCE » DE TAMMI SAVER ET « OH NO! (OR HOW MY SCIENCE PROJECT DESTROYED THE WORLD) » DE MAC BARNETT. IL EST AUSSI LE CRÉATEUR DE LA SÉRIE DE DESSINS ANIMÉS « THE REPLACEMENTS », CHEZ DISNEY. CECI EST SON DEUXIÈME LIVRE.

RENSEIGNEMENTS SUPPLÉMENTAIRES : UN MERCI TRÈS SPÉCIAL À ARTHUR LEVINE, RACHEL GRIFFITHS, DAVID SAYLOR ET PHIL FALCO POUR M'AVOIR AIDÉ À RENDRE CE LIVRE UNIQUE (SEPT LONGUES ANNÉES!). UNE GROSSE OVATION À MES ASSISTANTS : CAMERON PETTY, MIKE BOLDT, JOHN GIBSON, TONY ETIENNE, VINCE DORSE ET OSKAR VAN VELDEN POUR L'AIDE À LA COLORATION. ENFIN, LES DERNIERS, MAIS NON LES MOINDRES : MERCI À MA FEMME, LEAH, ET À MES DEUX ENFANTS. * CÂLINS! *

Par la présente, je déclare que l'information apparaissant sur ce formulaire est exacte et valide, et constitue la divulgation complète des renseignements demandés. Je suis parfaitement apte à représenter la société susmentionnée, à agir et à m'engager légalement en son nom pour toute question ayant trait à cette demande d'emploi.

Dan Santat

ENCRE NOIRE OU BLEUE SEULEMENT